San José

José María Fernández Lucio, SSP

San José

Instrumento de Dios

SAN PABLO

Colección omentos

© SAN PABLO 2025
Protasio Gómez, 11-15. 28027 Madrid
Tel. 917 425 113
secretaria.edit@sanpablo.es - www.sanpablo.es
Texto: José María Fernández Lucio

Distribución: SAN PABLO. División Comercial
Resina, 1. 28021 Madrid
Tel. 917 987 375
ventas@sanpablo.es
ISBN: 978-84-285-7266-8
Depósito legal: M. 2.400-2025
Impreso en Artes Gráficas Gar.Vi. 28970 Humanes (Madrid)
Printed in Spain. Impreso en España

Presentación

Cuando se habla o se escribe sobre un personaje, lo primero que suele decirse es dónde nació y quiénes fueron sus padres. De san José no podemos ofrecer estos datos por no poseerlos. Sí podemos decir que pertenece a esa serie de personajes que precedieron a, y en el caso de san José colaboraron en, la encarnación del Hijo de Dios. El evangelista Mateo, presentándonos los antepasados del Salvador, Jesucristo, al transcribir esa larga lista dividida en tres secciones, cada una de ellas con catorce nombres, en la tercera nos dice: «Jacob fue padre de José, esposo de María; y de María nació Jesús, llamado también Cristo».

De esta manera José, dócil instrumento en las manos de Dios, se convierte en el patriarca a través del cual se cumple el designio que Dios había anunciado en las Escrituras: el envío de un Mesías, «hijo de David», nacido en Belén de Judá, el Salvador cuya realeza subsiste siempre ante Dios, su Padre. Dejando a Dios la elección, el tiempo y los medios para llevar a cabo sus promesas y colocado en situaciones humanas muy complicadas, san José esperó contra toda esperanza.

Supo aguardar a que llegara la hora de Dios, no sin tratar de descubrirla y por eso es el modelo de todos los creyentes, de toda la Iglesia, como guardiana de los misterios de Dios. Ya podemos adelantar que para entender la vida de san José hay que pensar que es la persona elegida para llevar a cabo el misterio de la redención, dotado como fue por el Espíritu de los dones de gracia y virtud para llevarlo a buen fin. Así lo reconoce la Iglesia con estas palabras: «Dios todopoderoso que confiaste los primeros misterios de la salvación de los hombres a la fiel custodia de san José» (Oración colecta en la fiesta de san José).

Si la genealogía de Jesús como nos la presenta el evangelista Mateo llega hasta José (Mt 1,1-16), sin embargo, él no es el padre de aquel a quien María lleva en su seno, porque ella está encinta «por obra del Espíritu Santo». José, «el justo», será quien, dócil a los designios de Dios, introduce legalmente al niño en la estirpe de los descendientes de David y le da el nombre que expresa su misión: «Jesús» que significa «el Señor salva». Llegará a conocer esto José solo mediante una revelación divina y el papel que le corresponde en su realización.

Introducción

A san José se le conoce como al «santo del silencio» porque no encontramos en la Escritura una sola palabra pronunciada por él. Y no se debe a que fuera mudo o torpe para expresar sus sentimientos, que como todo mortal tenía. Podemos decir que san José se encontraba envuelto, rodeado, por el Misterio y, ante este, la mejor opción para poder asumir el contacto es posicionarse desde el silencio y la contemplación, esto es, el silencio contemplativo que es el camino de vida escogido por san José. El Misterio supera los conocimientos humanos. Conforma el ámbito en que se mueve y actúa Dios.

Pero esto no es motivo para que nosotros lo reduzcamos al silencio, que no tratemos de conocerlo y, sobre todo, de imitarlo en sus muchas virtudes. Si se silencia a una persona, a un santo, lo que se consigue es reducirlo al olvido, en cierto modo, anularlo.

De un modo esquemático podemos decir que san José es el fiel colaborador en nuestra redención, que mira compasivo la indigencia de los hombres. Fue un instrumento dócil en las manos del Padre para el nacimiento y la infancia de Jesús, fiel a la voluntad del Padre. Modelo de toda virtud. Se le venera como modelo de los trabajadores, amigo de los pobres, apoyo de los emigrantes y, ante todo, es el santo de la Providencia.

Padre adoptivo de Jesús y modelo de la comunicación profunda que tuvo con él durante la infancia y la juventud. Purísimo esposo de la Virgen María está asociado a ella en la misión y con ella comparte penas y alegrías con una sola mente y un solo corazón. Además, se propone como modelo de los agonizantes porque pasó a la eternidad al lado de Jesús y de María. Es patrono de la Iglesia universal. Este es el criado fiel y solícito a quien el Señor ha puesto al frente de su familia.

Lo que nos hemos propuesto no es escribir una biografía teológica de san José, sino más bien presentar un modelo de vida diaria, como esa rutina en la que nos movemos la mayoría de nosotros, pero vivida de un modo extraordinario.

La Anunciación

A los seis meses Dios envió al ángel Gabriel donde una joven virgen que vivía en una ciudad de Galilea llamada Nazaret, y que era prometida de José, de la familia de David. La Virgen se llamaba María. Entró el ángel en su casa y le dijo: «Alégrate, favorecida, el Señor está contigo». Al oírlo, ella se turbó y discurría qué clase de saludo era aquel. El ángel le dijo: «No temas, María, que gozas del favor de Dios. Mira, concebirás y darás a luz un hijo, a quien llamarás Jesús. Será grande, llevará el título de Hijo del Altísimo; el Señor Dios le dará el trono de David su padre, para que reine sobre la casa de Jacob y su Reino no tendrá fin».

María respondió al ángel: «¿Cómo será eso si no convivo con varón?». El ángel le respondió: «El Espíritu Santo vendrá sobre ti y el poder del Altísimo te hará sombra; por eso, el consagrado que nazca llevará el título de Hijo de Dios...». Respondió María: «Aquí tienes a la esclava del Señor: que se cumpla en mí según tu Palabra». El ángel la dejó y se fue (Lc 1,26-38).

Es digno de notar que cuando el ángel se aparece a María no la saluda con el habitual saludo hebreo: *«shalom»* (la paz esté contigo), sino con la palabra griega *«chaîre»* (alégrate). Cuando el ángel se apareció a los pastores, para anunciarles el nacimiento de Jesús, este anuncio «les servirá de mucha alegría para todo el pueblo» (Lc 2,10). Lo mismo aparece en el evangelio de Juan al encontrarse con el resucitado: «Los discípulos se llenaron de alegría al ver al Señor» (Jn 20,20). ¿Quiere esto decir que debe ser el distintivo de todo cristiano la alegría? Sin duda alguna:

La alegría aparece en estos textos como el don propio del Espíritu Santo, como el verdadero don del Redentor (Benedicto XVI).

No se puede, en ningún caso, separar la alegría y la gracia.

A María el ángel le explica quién será la criatura que concebirá en su vientre: «se llamará Jesús, será grande, Hijo del Altísimo, ocupará el trono de David, su padre, su Reino no tendrá fin». Y María acepta la propuesta directamente: «Hágase en mí según tu Palabra».

María reconoce la fuerza divina que está actuando en ella y medita serenamente en su corazón todo lo que implica esta presencia salvadora de Dios.

Del evangelio de san Mateo

El nacimiento de Jesús, el Mesías, sucedió así. Su madre, María, estaba prometida a José, y antes del matrimonio, resultó que estaba encinta, por obra del Espíritu Santo. José, su esposo, que era honrado y no quería infamarla, decidió repudiarla en privado. Ya lo tenía decidido cuando un ángel del Señor se le apareció en sueños y le dijo: «José, hijo de David, no tengas reparo en acoger a María como esposa tuya, pues lo que ha concebido es obra del Espíritu Santo. Dará a luz un hijo a quien llamarás Jesús, porque él salvará a su pueblo de su pecado» (1,18-21).

Con estas palabras, Mateo intenta hacernos comprender, a través de la persona de san José, lo que significa ser un hombre justo, completamente abierto a la voluntad de Dios, incluso cuando titubea la capacidad humana a la hora de comprender la acción misteriosa de Dios.

Dios escribe derecho en renglones torcidos. Así son los designios de Dios. A través de un sueño y por medio de un ángel, Dios le hace saber a José la misión a la que está destinado.

Si nos fijamos en las palabras que le son dirigidas, «Hijo de David» es un título que resulta fundamental para la misión a la que ha sido llamado. Después el ángel le dice: «No tengas ningún reparo en recibir en tu casa a María, tu mujer». María debe aparecer como su mujer y él como «el padre del hijo de María», y padre a todos los efectos. Dios le cede todos los derechos de paternidad al pedirle que le dé nombre al hijo de María.

El que ha sido engendrado en el vientre de María es obra del Espíritu Santo, pero el que le hace entrar en la descendencia de David es José. Así ahora puede comprender la misión del Hijo de María: «salvará a su pueblo de todos sus pecados», es el Salvador prometido a Israel, lo cual le afecta también a él como un miembro más del pueblo de Dios.

Todo esto sucede en cumplimiento de las Escrituras. Todo lo que había dicho el Señor por medio de Isaías: «La Virgen concebirá y dará a luz un hijo, y le pondrán por nombre Emanuel, que significa Dios con nosotros» (Is 1,22-23). Además de dar el nombre, según la Biblia, supone una verdadera misión con respecto al niño: se trata de darle la vida, una educación, defenderlo de los peligros... y todos los demás deberes de un padre que quiere lo mejor para su hijo, así como prepararle para la vida.

El ángel le explica a José el misterio de la concepción virginal, y también el papel que le corresponde en la historia de la salvación como hijo de David y esposo de María. Introduce a Jesús en la ascendencia divina y da con ello lugar al cumplimiento de las profecías conforme a las cuales el Mesías sería hijo de David. Justo es el que vive en permanente contacto con la palabra de Dios, «que su gozo está en la ley del Señor» (Sal 1,2).

San José es un hombre con una gran capacidad de discernimiento especialmente para poder distinguir cuándo se trata de un simple sueño o viene de un mensajero divino. Debe ser garante de la fidelidad de Dios con respecto a Jesús como descendiente de David.

El evangelio que así empieza nos recuerda que Jesús es el descendiente legítimo de David, gracias a José, pero que no tiene otro Padre que Dios mismo y ha sido concebido por obra y gracia del Espíritu Santo y de una madre virgen.

Para la Iglesia primitiva, el origen de Jesús, hijo de María Virgen, era algo indiscutible, por eso, el evangelista Mateo, que se dirige a creyentes, no trata de demostrar nada. Se contenta con decir que Dios ya había previsto que su Hijo estuviera arraigado en la descendencia de David:

Numerosos judíos e incluso ciertos paganos –nos dice el Catecismo de la Iglesia católica– que compartían su esperanza reconocieron en Jesús los rasgos fundamentales del mesiánico «hijo de David» prometido por Dios a Israel: «¿Dónde está el rey de los judíos que ha nacido? Porque hemos visto su estrella en Oriente y venimos a adorarlo» (Mt 2,2). Jesús aceptó el título de Mesías al cual tenía derecho, pero no sin reservas porque una parte de sus contemporáneos lo comprendían según una concepción demasiado humana, esencialmente política (CCE 439).

Las palabras sobre María no osan deshojar el misterio de María, la mujer Virgen, a través de la cual la vida de la tierra sube hasta Dios para ofrecerse como un obsequio. Un enviado atraviesa la noche y dialoga con palabras calladas. Sugerencia de un mundo abierto a presencias activas de Dios.

José decidió repudiarla

El párrafo del evangelista con el que hemos iniciado el capítulo quiere recordar que Jesús es el descendiente legítimo de David, gracias a José, pero que no tiene otro Padre que Dios mismo y ha sido concebido por obra del Espíritu Santo por una madre virgen.

«Antes que vivieran juntos, quedó embarazada por obra del Espíritu Santo» (Mt 1,18). José, como hombre cumplidor de la Ley, es un hombre justo, en el sentido de que vive en contacto con la palabra de Dios y «que su gozo está en la ley del Señor» (Sal 1,2), «que confía en el Señor y pone en Él su confianza», no podía recibir a María en aquellas condiciones, pero como hombre bueno, quiere desentenderse de la manera que le ocasionase el menor daño.

Según la escuela de Hillel, cualquier motivo era suficiente para que un judío pudiera desentenderse de su mujer. La virginidad perpetua de María, que a lo largo del evangelio más bien se supone, es uno de los datos más firmes y constantemente afirmados por la tradición.

«María estaba comprometida». Según el derecho judío, vigente en aquellos tiempos, el compromiso significaba ya un vínculo jurídico entre las dos partes de modo que María podía ser llamada la «mujer de José». En el pueblo judío esta situación daba ya los derechos de la vida conyugal, solamente que la mujer seguía viviendo en casa de sus padres y bajo su autoridad. Toda mujer debía pertenecer a un hombre, ya fuera su padre, su esposo o su hijo, en caso de que fuera viuda. De modo que José tenía que llevarla a su casa para que comenzase a estar bajo su tutela.

Todo parece indicar que fue María la que informó a José, quien comprende que el anuncio a María presagia mucho más que dar a luz un niño y piensa que no debe entrometerse, pero no ve cómo retirarse sin perjudicar a María. El verbo griego «*apolýo*» significa: «difamar, exponer a una difamación», y no «denunciar» como traducen algunos que imaginan que José duda de la fidelidad de María.

Lo que se quiere transmitir aquí es que José no está de más en este asunto, sino que él también tiene un papel que desempañar en esta obra de la salvación. Al adoptar a Jesús, José también tiene una misión en esta obra de Dios. Ha descubierto su «vocación», el papel que ha de desarrollar en su vida al lado de María y Jesús.

Por otra parte, «los relatos evangélicos (cf Mt 1,18-25; Lc 1,36-38) presentan la concepción virginal como una obra divina que sobrepasa toda comprensión y toda posibilidad humanas: "María, dijo entonces al ángel: '¿Cómo podré ser madre si no tengo relación con ningún hombre?'" (Lc 1,34). "Lo concebido en ella viene del Espíritu Santo", dice el Ángel a José a propósito de María, su desposada (Mt 1,20). La Iglesia ve en ello el cumplimiento de la promesa divina hecha por el profeta Isaías: "He aquí que la virgen concebirá y dará a luz un hijo" (Is 7,14), según la traducción griega de Mt 1,23» (CCE). Y José procedió como le había dicho el ángel del Señor y se llevó consigo a María.

Jesús no es fruto de cálculos humanos, sino de una intervención especial de Dios en la historia. Con Jesús, Dios se acerca al hombre, lo visita, habla con él, le escucha. Es el «Dios con nosotros»... No un Dios lejano, tremendo, aislado en su poder, sino un Dios familiar, sencillo... nuestro Dios.

Varón justo

Notable es la importancia que el magisterio atribuye al matrimonio de José con María. Si es importante profesar la concepción virginal de Jesús, no lo es menos defender el matrimonio de María con José, porque jurídicamente depende de este matrimonio la paternidad de José. De hecho, José ha sido llamado por Dios para servir directamente a la persona y a la misión de Jesús mediante el ejercicio de su paternidad y de este modo cooperar en la plenitud de los tiempos en el misterio de la redención y es verdaderamente «ministro de la salvación».

Él ha transmitido a Jesús la ascendencia davídica, indispensable para ser reconocido como «el Cristo»; es él quien lo ha introducido entre los ciudadanos del mundo, inscribiéndolo en el registro de Belén con ocasión del censo ordenado por Augusto y lo ha incluido en el pueblo de la nueva alianza, proveyendo el rito de la circuncisión; es quien ha impuesto al Verbo de Dios encarnado, bajo mandato del Padre y con pleno derecho legal, el nombre de Jesús, que lo designa como el «Emanuel», es decir, Dios con nosotros, y el que lo ha presentado al Padre al cumplir la ofrenda ritual del primogénito; quien lo ha protegido en los viajes al exilio y en su vida de prófugos; es José quien le ha enseñado un oficio y le ha dado la categoría de «hijo del carpintero»; quien lo ha educado en la oración y en el conocimiento de la vida y del mundo.

José ha sido el «pórtico del Evangelio de las bienaventuranzas» según la expresión de Pablo VI. Después de todo esto, en san José «destacamos tres grandes cualidades de amor. No se nota en él ningún protagonismo, aunque el evangelista Mateo se lo concede todo. Se le ve en un tercer plano en la foto. Su lema es como el de Juan: que yo disminuya para que los otros crezcan. Les cede siempre el paso y la palabra. No impresiona mucho el silencio de José, silencio respetuoso y admirativo... José es un hombre fiel» (R. Prieto Ramiro). José vivió en silencio y dejó este mundo en el silencio pues se desconoce cuándo murió. Ni necesitó canonización le bastó ser un varón justo.

El nacimiento de Jesús

Por aquellos días el Emperador dictó una ley que ordenaba hacer un censo en todo su imperio. Este primer censo se hizo cuando Quirino era gobernador de Siria. Todos iban a inscribirse a sus respectivas ciudades. También José, como era descendiente de David, salió de la ciudad de Nazaret de Galilea y subió a Judea, a la ciudad de David, llamada Belén, para inscribirse con María, su esposa que estaba embarazada. Estando en Belén, le llegó el tiempo del parto, y dio a luz a su hijo primogénito, lo envolvió en pañales y lo acostó en un pesebre, porque no habían hallado lugar en la posada (Lc 2,1-7).

«No habían hallado lugar en la posada», son palabras que encierran un cierto paralelismo con las del prólogo de san Juan: «Vino a los de su casa y los suyos no lo recibieron» (1,11). No hay sitio en el mundo para el Creador del mismo. Jesús no pertenece al mundo de los poderosos y de los importantes.

Belén era el pueblo natal del rey David, el gran rey hebreo, cuya descendencia sería el Mesías, rey de paz. El censo, ordenado por el emperador Augusto, fue la ocasión para que José y María se trasladasen a esa lejana localidad y naciera en ella Jesús, la presencia viva de Dios. Nace en la pobreza y para los pobres.

El pesebre es el lugar donde los animales encuentran su alimento. Y ahora yace en el pesebre el «verdadero Pan bajado del cielo», como el verdadero alimento que da al hombre la vida verdadera. Así, el pesebre se convierte en una referencia a la mesa de Dios, a la que el hombre está invitado para recibir el pan de Dios.

El nombre «Belén» proviene del hebreo *«Bet Lehem»,* que significa «casa del pan». San Jerónimo, tomando el significado etimológico, reflexiona diciendo que es casa donse se da el pan a los que tienen hambre de la Palabra. Entre los hebreos, el pan es el alimento esencial de la vida y, entre los cristianos, es además del alimento corporal, el alimento espiritual, que da la verdadera vida. «Yo soy el pan vivo que ha bajado del cielo, el que coma de este pan vivirá para siempre».

Belén es también denominada «Éfrata», que significa «fructífera, fértil, fecunda». Decir «Belén» quiere decir recordar la patria del Mesías y de sus antepasados, el pueblo natal de David, el gran rey hebreo, cuya descendencia sería el Mesías, rey de paz.

Dos visitas

En la región había pastores que vivían en el campo y que por las noches se turnaban para cuidar sus rebaños. El ángel del Señor se les apareció, los rodeó de claridad la gloria del Señor, y todo esto les produjo un miedo enorme. Pero el ángel les dijo: «No temáis, porque vengo a anunciaros una buena nueva que será motivo de mucha alegría para todo el pueblo: hoy os ha nacido en la ciudad de David un salvador, que es Cristo Señor» (Lc 2,8-11).

Mientras, en Belén, nadie parece enterarse de lo que está sucediendo en ella y el mundo está sumergido en la noche de la ignorancia, unos pastores han visto a Dios. Dios encuentra su alegría en darse a conocer a los pobres. María y José, por su parte, se sintieron felices de compartir con ellos algo de su secreto. La manifestación a los pastores sucede «rodeada de claridad». Dios es luz sin sombra alguna. En la creación, la primera palabra fue «hágase la luz». En la redención aparece una gran claridad que deslumbra momentáneamente: «hallarán al niño».

«El miedo enorme» que sintieron no duró más que un instante; al entrar Dios en la casa manifiesta siempre su extrema humildad, y aun sin palabras trae el gozo. Gozo y paz, que era el anuncio de los tiempos nuevos en que Dios quiere manifestar su benevolencia con los hombres de una manera como nunca lo había hecho antes.

La señal que da el ángel no es solamente un medio para descubrir al niño en Belén, sino un «signo» que revela la personalidad del niño. La señal es doble: este Mesías (o Cristo) de raza real, ha nacido en la pobreza de un establo; este Señor de origen divino está en medio de los hombres como un niño vulnerable y silencioso.

***

Habiendo nacido Jesús en Belén de Judá, durante el reinado de Herodes, vinieron unos magos de Oriente a Jerusalén, preguntando: «¿Dónde está el rey de los judíos que ha nacido? Porque hemos visto su estrella en Oriente y venimos a adorarlo». Herodes y toda Jerusalén quedaron muy intranquilos con la noticia. Reunió el rey a todos los sacerdotes principales y a los maestros de la Ley para preguntarles dónde debía nacer el Cristo. Ellos le contestaron que en Belén de Judá y que así lo anunció el profeta: «Belén, en tierra de Judá, tú no eres el más pequeño entre los principales pueblos, porque de ti saldrá un jefe, el pastor de mi pueblo, Israel» (Miq 5,2; Mt 2,1-6).

La palabra «mago» tiene en la literatura un doble y contrario sentido. El sentido positivo sería el de «representantes de una religión auténtica; dotados de saberes y poderes sobrenaturales; de conocimientos religiosos y filosóficos». En el relato que hace Mateo sobre los magos les presenta con una fuerza religiosa y filosófica que los pone en camino, hacia Cristo. En estos hemos de ver representados a todos aquellos que buscan la verdad en todos los tiempos. Y representan también «el anhelo interior del espíritu humano, la marcha de las religiones y de la razón humana al encuentro de Cristo» (Benedicto XVI).

«Vuelven por otro camino». El que ha encontrado a Jesús no puede vivir como antes, debe emprender otro camino, el del seguimiento.

En los Hechos de los apóstoles encontramos otro tipo de mago: este contrapone el propio poder al mensaje de Jesucristo y se pone así de parte de los demonios, que han sido vencidos por Jesús.

La presencia de los Magos supone el encuentro de tres reyes: los Magos, Herodes y el verdadero Rey, Jesús. Unos adoran, otro busca su muerte y Jesús se salva y salva del furor de Herodes. La estrella aparece y desaparece siempre que se halla presente Herodes. Reciben en sueños un oráculo de que no vuelvan por el mismo camino, sino por otro. La ida era una búsqueda, al encontrarlo el camino debe ser otro.

En el ofrecimiento que hacen los Magos, los Padres de la Iglesia han visto los símbolos de la realeza (oro), la divinidad (incienso) y la Pasión (mirra) de Jesucristo. Todo ello supone que, según las profecías, el Señor debe ser adorado por todos los pueblos y culturas.

Pero también podemos ver en el ofrecimiento del oro, la dignidad y el valor del ser humano; el incienso, como el despliegue de su dignidad, y la mirra, la curación de nuestras enfermedades y el alivio de los sufrimientos, según Pagola.

Siervo fiel

Para comprender la función de José dentro de la Sagrada Familia hay que contemplarlo bajo el prisma del servicio: «el que quiere ser el primero en el reino de los cielos que se haga el servidor de todos». ¿Por qué no podemos pensar que el servicio que mostró Jesús en su vida hasta lavar los pies a sus discípulos no tuvo su origen en el modelo visto en su familia? En una familia tan divina no pueden faltar las virtudes humanas por aquello de cuanto más humano más divino. Y José es un modelo acabado de servicio y entrega. Una muestra de entrega es su trabajo para ganar el pan para sí mismo y para su familia, se le conoce en el pueblo como el «carpintero». Y el pobre, corriendo el riesgo de que en ciertos momentos le llegue a faltar.

Le pondrás por nombre Jesús

José comienza a ejercer las funciones de padre imponiéndole el nombre de Emmanuel, «Dios con nosotros», en el momento de la circuncisión de Jesús. Es lo que hace Zacarías con su hijo Juan, según el evangelista Lucas (1,60ss). Mientras los asistentes a la circuncisión desean que se llame Zacarías, su padre escribe en una tablilla, porque permanece mudo todavía, que su nombre sea Juan, «y todos quedan extrañados» (1,65). Y todos se preguntan: «¿qué llegará a ser este niño? ¿No se ve la mano de Dios en él?» (1,65).

Entre los hebreos no se le ponía al recién nacido un nombre cualquiera, de forma arbitraria, pues el «nombre», como en casi todas las culturas antiguas indicaba el ser de la persona, su verdadera identidad, lo que se espera de ella y por eso el evangelista Mateo se preocupa tanto de explicar a sus lectores el significado profundo del nombre de quien va a ser el protagonista de su relato evangélico. Su nombre será Jesús que significa «Dios salva». Se le llamará así porque «salvará a su pueblo de los pecados».

Estaba ampliamente extendida la creencia de que el nombre es una potencia estrechamente unida a su portador. Si se conoce el nombre de una persona, se puede ejercer influjo sobre ella. El nombre que los padres ponen a sus hijos expresa algo de lo que esperan de ellos. Tener un nombre equivalía a significar algo. En el libro de Rut se dice: «Las mujeres decían a Noemí: "Bendito sea el Señor, que ha querido que no te faltase un heredero y que el nombre del difunto se conserve en Israel"» (4,14).

En la creación, Dios da, a cada astro que crea, su nombre. A Adán, a Eva, a Caín, a Abel. Si Dios nombra expresamente a un niño, esta acción suele tener significado profético; por eso el profeta Oseas debe llamar a su hija «Incompadecida», para expresar la mala relación que existe entre Israel y su pueblo infiel (Os 1,6).

Jesús da a los hermanos Santiago y Juan, el nombre de «Boanerges», «hijos del trueno», para expresar la fuerza testimonial de los hermanos. Jesús dice a los apóstoles: «No os alegréis porque se os sometan los demonios, alegraos más bien porque vuestros nombres están escritos en los cielos» (Lc 10,20).

La antigua concepción de que el nombre tiene alguna relación con el destino de su portador *(«nomen est homen»*, «el nombre es el hombre»), influyó también en la época cristiana. Con el nombre de los santos del calendario católico se espera no solamente su protección para el niño o la niña, sino también la transmisión de sus virtudes.

Con la sumisión a su madre y a su padre legal, Jesús cumple con perfección el cuarto mandamiento. Es la imagen temporal de su obediencia filial a su Padre celestial. La sumisión cotidiana de Jesús a José y a María anunciaba y anticipaba la sumisión del Jueves Santo: «no se haga mi voluntad» (Lc 22,42). La obediencia de Cristo, en lo cotidiano de la vida oculta, inauguraba ya la obra de restauración de lo que la desobediencia de Adán había destruido (CCE 532).

Dios revela su nombre

«Entre todas las palabras de la revelación, hay una, singular, que es la revelación de su Nombre. Dios confía su Nombre a los que creen en Él: se revela a ellos en su misterio personal. El don del Nombre pertenece al orden de la confidencia y la intimidad. "El nombre del Señor es santo". Por eso el hombre no puede usar mal de él. Lo debe guardar en la memoria en un silencio de adoración amorosa: "Que todo el mundo calle ante el Señor, porque se levanta de su santa morada" (Zac 2,17). No lo empleará en sus propias palabras, sino para bendecirlo, alabarlo y glorificarlo: "Tributad al Señor la gloria de su nombre, adorad al Señor con esplendor sagrado" (Sal 29,2)» (CCE).

«La deferencia respecto a su Nombre expresa lo que es debido al misterio de Dios mismo y a toda la realidad sagrada que evoca. El sentido de lo sagrado pertenece a la virtud de la religión: "Los sentimientos de temor" y de "lo sagrado", ¿son sentimientos cristianos o no? Son los sentimientos que tendríamos, y en un grado intenso, si tuviésemos la visión del Dios soberano. Son los sentimientos que tendríamos si verificásemos su presencia. En la medida en que creemos que está presente, debemos tenerlos. No tenerlos es no verificar, no creer que está presente (Newman)» (CCE 2144).

La Presentación

Así mismo, cuando llegó el día en que, de acuerdo con la Ley de Moisés, debían cumplir el rito de la purificación de la madre, llevaron al niño a Jerusalén y lo consagraron al Señor tal y como está escrito en la Ley (Lc 2,22-23).

La Ley decía: «Conságrame todos los primogénitos de los israelitas, tanto de los hombres como de los animales. Son míos» (Éx 13,2). Dos ritos diferentes se juntan en esta visita al Templo. La madre debe purificarse después del alumbramiento porque la pérdida de sangre la hacía impura según Lev 12,8: «Si sus posibilidades no llegan a un cordero, presentará dos tórtolas o dos pichones, uno como holocausto y otro en sacrificio por el pecado». Cabe recordar el valor permanente de esta Ley, o al menos a su espíritu, para el pueblo de Dios.

Ni María tenía necesidad de purificación, porque su alumbramiento era obra del Espíritu Santo, ni José debía ofrecer un cordero porque el verdadero Cordero era Jesús mismo, que quita el pecado del mundo. Jesús es consagrado al Señor como salvación de Israel y luz de las naciones.

Simeón y Ana, igual que María y José, formaban parte del «pequeño resto de Israel», de esa minoría del pueblo de Dios que vivía su fe en la humildad y a quien Dios acostumbra a hacerse visible. La profecía nunca ha faltado en el pueblo de Dios. En esta ocasión vemos dos manifestaciones de la misma.

«Ser causa tanto de caída como de resurrección», ya había sido previsto: «Aquel que ya era en Israel piedra de escándalo y Dios escondido» (Is 8,14-17) y que seguirá siéndolo entre nosotros. «Señal de contradicción» como lo fueron los grandes profetas.

Una nueva profecía destinada a María completa lo que le habían dicho los pastores. Al mencionar Lucas la espada que traspasaría el alma de María, pensaba, sin duda, en la crucifixión y en el texto de Zac 12,10: «Verán al que traspasaron».

El amor, por más compartido que sea, no impide que cada uno siga siendo un misterio para el otro, y el misterio se amplía si se habla de Dios. María compartía los sufrimientos de Jesús con José y también sufrirán por lo que Jesús hace y ellos no entienden.

Vida en Galilea

Una vez que cumplieron todo lo que ordenaba el Señor, volvieron a Galilea, a su ciudad de Nazaret. El niño crecía, se desarrollaba y se hacía cada vez más sabio; y la gracia de Dios estaba con él (Lc 2,39-40).

José y María se establecen en Nazaret, una pequeña ciudad de Galilea, situada en las montañas bajas de Galilea, desconocida, pues no aparece en los libros sagrados. Hasta parece que la despreciaban: Natanael dirá: «¿De Nazaret puede salir algo bueno?», se les daba un apelativo despectivo: gente de campo, ignorante. Un lugar periférico, irrelevante y marginal no podía ser el lugar del nacimiento de un profeta y menos aún del Mesías que todos esperaban. En Nazaret, como en la mayoría de los pueblos, no sucede nada, todo transcurre normalmente, y, sin embargo, es el pueblo elegido por Dios.

Se comienza a demostrar lo que Jesús llevará a cabo desde su nacimiento en una cueva, por no hallar cobijo en una posada, hasta su muerte en la cruz. Durante su vida no tendrá ni una piedra donde reposar su cabeza y reposará tras su muerte en un sepulcro de prestado. Y sin embargo Jesús no deja de ser el Nazareno señalado de este modo por Dios. En Nazaret vivió Jesús hasta que empezó su vida pública.

En tiempos de Jesús, como hemos dicho, era un pueblo desconocido. Hoy es una gran ciudad con unos 30.000 habitantes y muy visitada por lo que en ella Dios realizó en favor de los hombres. Dios siempre se sirve de lo humilde de lo que no cuenta para confundir a lo que cuenta y de este modo resplandece con mayor esplendor la obra divina:

Cristo quiso nacer en el seno de la Sagrada Familia de José y de María. La Iglesia no es otra cosa que la «Familia de Dios». Desde sus orígenes, el núcleo de la Iglesia estaba a menudo constituido por los que, «con toda su casa», habían llegado a ser creyentes (cf He 18,8). Cuando se convertían deseaban también que se salvase «toda su casa» (cf He

16,31; 11,14). Estas familias convertidas eran islotes de vida cristiana en un mundo no creyente (CCE 1655).

La familia de Nazaret, además de ser una familia como las demás, se presenta como una Familia muy particular, porque además de estar formada por un hombre y una mujer, incluía al Hijo de Dios hecho hombre, como los demás, sin dejar de ser Dios al mismo tiempo, razón por la cual es una familia muy particular y única en este mundo en el que vivimos y morimos.

En cuanto a nosotros, debemos tomar ejemplo de la Sagrada Familia, que seguro que eran como los demás judíos, que se ganaban la vida con su trabajo, como todo judío. Además, una de las condiciones impuestas a los judíos, era que estaban obligados a casarse temprano, y por tanto tenían que tener un oficio, para ganarse la vida, mediante el trabajo de sus manos.

En la visita que el papa Pablo VI hizo a Nazaret, el 5 de enero de 1964, nos ofrece unas pautas para «aprender a observar, a escuchar, a meditar, a penetrar en el sentido profundo y misterioso de esta sencilla, humilde y encantadora manifestación del Hijo de Dios entre los hombres».

Ofrecemos los momentos más destacados de esta alocución:

En primer lugar, imitar esta vida; descubrir quién es Cristo: comprender la importancia que tiene el ambiente que rodeó su vida. Aquí todo habla, todo tiene un sentido.

Aquí, en esta escuela, comprendemos la necesidad de la disciplina espiritual si queremos seguir las enseñanzas del Evangelio y ser discípulos de Cristo.

La lección del silencio, este admirable e indispensable hábito del espíritu, tan necesario para nosotros, que estamos aturdidos por tanto ruido, tanto tumulto, tantas voces de nuestra ruidosa y en extremo agitada vida moderna.

Se nos ofrece además una lección de vida familiar. Que Nazaret nos enseñe el significado de la familia, su comunión de amor, su sincera y austera belleza, su carácter sagrado e inviolable, lo dulce e irreemplazable que es su pedagogía y lo fundamental e incomparable que es su función en el plano social.

La familia de Nazaret es modelo de unidad y amor, su objetivo es servir al otro, cuanto más feliz sea tanto más gozo se siente. No existe la pregunta de quién es el primero, porque «el último es el primero y el primero último». La comunión es tan grande que la alegría y el bienestar de cada uno, redunda en alegría y bienestar de todos.

En el hogar de Nazaret, razonando al modo humano, no hay nada que cuadre, nada «razonable»: el primero es el último, y el último es el primero. No valen los títulos, pues estos no sirven ni cuentan ante Dios. San José, al igual que su esposa María, sabe que ante el Misterio no cabe otra alternativa en su interior que: «hágase en mí según tu Palabra», «así en la tierra como en el cielo».

José, hombre del silencio

La vida de san José transcurre en el silencio y es modelo de silencio. Desde la primera visita del ángel para que reciba a María como su esposa porque lo que de ella va a nacer es obra del Espíritu Santo y es el Mesías, el Dios con nosotros, se da cuenta de que su vida debe discurrir en medio del Misterio con mayúscula. Conoce por las Escrituras lo que la inteligencia puede llegar a conocer, que es muy poco. Y ante el Misterio lo prudente es la aceptación, la admiración reverente y el silencio. Como su esposa, María, también él conserva en su corazón todas estas cosas, meditándolas y reflexionando.

Por otra parte, el silencio es el requisito indispensable para la escucha. Donde imperan el bullicio, las prisas y la agitación no puede darse la escucha y lo que se diga carece de sentido.

En el silencio se da la disposición del siervo fiel y prudente, dispuesto a obedecer. En José no existe protagonismo, sino ese silencio respetuoso y admirativo. José es siervo fiel y prudente al que Dios ha puesto al frente de su casa. Es fiel porque su fe es propia de los patriarcas del Antiguo Testamento. Se fía de Dios y al mismo tiempo se entrega con toda su voluntad.

Además, es responsable, esa cualidad por la que se mide si una persona es madura. Como respuesta a todas estas cualidades o a causa de las mismas, Dios encomienda a José a María y a Jesús, estas personas tan grandes e importantes para Dios, y José no defrauda. En José se cumple el dicho: el bien no hace ruido y el ruido no hace bien. Su silencio es un silencio eficaz, eficiente.

«Cuando un sosegado silencio lo envolvía todo» (Sal 18,14), vino el Dios silencioso y nació en la noche. Nota el evangelio que los mayores misterios se realizan en el silencio. En el silencio el Padre admira, contempla y ama al Hijo. El Hijo admira, contempla al Padre y al Espíritu Santo en silencio. El Espíritu Santo admira, contempla y ama al Padre y al Hijo en el silencio.

En el cielo todo se realiza en el más profundo y amoroso silencio, así los misterios se revelan a las almas en el silencio. Isaías, hablando de Jesús dice: «No disputará ni gritará, nadie oirá su voz en las plazas» (Mt 12,19), sino que amará y actuará silenciosamente. Todas las almas que reciben abundantemente los dones de Dios, los reciben en silencio, y no existe tiempo más propicio para recibir las gracias, que los momentos de retiro, ejercicios espirituales... el tiempo de silencio (HMI 19-20).

El silencio tiene mucho que ver con el orden que reina en nuestro interior. El papa Pablo VI define el silencio como «ese admirable e indispensable hábito del espíritu, tan necesario para nosotros que estamos aturdidos por tanto ruido, tanto tumulto, tantas voces de nuestra ruidosa y en extremo agitada vida moderna». El silencio tiene una finalidad: escuchar las buenas inspiraciones y las doctrinas de los verdaderos maestros. Hacer silencio solo por estar callados puede hasta sumirnos en una soledad esquizofrénica que nos lleva a encerrarnos en nosotros mismos de un modo peligroso para una integridad física.

El auténtico silencio es activo. Callamos para que nuestra palabra tenga profundidad, para que tenga un significado, diga algo. No sea, como decían los antiguos: *flatus vocis,* voz, no palabra. Al silencio solo se le puede considerar una virtud y un valor humano si hace bien al que lo practica y a los demás.

El silencio es el seno en que nace y se desarrolla la Palabra: Jesús, palabra del Padre, estuvo nueve meses en el seno de María, treinta años en el silencio de Nazaret para hablar durante tres años más o menos. Palabras de vida eterna. Quien le escucha a él escucha al Padre.

Dice Josep Otón que «muchos de los conflictos entre los individuos suelen ser reflejo de problemas personales internos no resueltos de forma satisfactoria. Por tanto, un correcto trabajo sobre la interioridad tiene que repercutir directamente en las relaciones interpersonales».

Si es toda nuestra vida la que debe someterse al Evangelio de Jesucristo, si son todas sus Palabras las que queremos tomar como guías en función de las circunstancias de nuestra vida, sería imposible, si en nuestra vida no hay silencio.

La sensibilidad es el camino de la espiritualidad. A veces cargamos las tintas sobre el raciocinio y este nos lleva a lo racional, algo que no tiene lugar en Dios, que está más allá de todas nuestras racionalidades. El sensualismo nos aparta de lo sensible. La sensibilidad nos acerca al que sufre, al prójimo, a pensar en los demás, a sintonizar con lo sublime, a contemplar la naturaleza y elevar nuestros pensamientos al Creador, a apreciar lo sencillo: el canto de los pájaros, la transparencia de las aguas cristalinas o el silencio de los bosques. Hay que apreciar el silencio.

El silencio solo es tal cuando lleva a lo profundo de uno mismo, donde uno se encuentra a sí mismo y, al encontrarse a sí mismo, encuentra Dios: «Que Él está en ti, que lo tienes en lo más íntimo de ti mismo, que a cualquier hora del día y de la noche, en medio de todas las alegrías y de todas las pruebas puedes encontrarlo allí, muy cerquita, tan cerca que está dentro de ti. Es el secreto de la felicidad, este es el secreto de los santos» (sor Isabel de la Trinidad).

El silencio cuesta, es privación, carencia o vacío molesto, pues supone arrancarse de las actividades y de las personas. Se percibe como una cosa inútil, aburrida, como una pérdida de tiempo. Es necesario sobrepasar este momento, para que el silencio se haga palabra. El silencio es lucha cuerpo a cuerpo contra los fantasmas, con su ejército de miedo. Es tenso, implacable, decisivo. En el silencio se ha revelado una presencia, un sereno estar en compañía que me abre al espacio de su amor directo. Es plenitud, palabra agradecida:

> De repente percibí que el silencio era una gran presencia. En el corazón del silencio estaba Él, que es todo calma, paz, alegría (Bernanos).

El apostolado debe tener su fundamento en cierta soledad y silencio: para escuchar al mundo y para escuchar a Dios. El mundo nos dice lo que necesita, y Dios lo que tenemos que darle al mundo.

Nos dice la Madre Teresa de Calcuta: «El fruto del silencio es la oración; el fruto de la oración es la fe; el fruto de la fe es el amor; el fruto del amor es el trabajo».

«El silencio de José no es un mutismo; es un silencio lleno de escucha, un silencio laborioso, un silencio que pone de manifiesto su gran interioridad». Es «dejar espacio a la Presencia del Verbo hecho carne, a Jesús»; «en lugar de hacer que brille la verdad, se puede convertir en arma peligrosa. De hecho, nuestras palabras se pueden convertir en adulación, vanagloria, mentira, maledicencia, calumnia. Es un dato de experiencia que, como nos recuerda el libro del Sirácida: «Muchos han caído al filo de espada, mas no tantos como los caídos por la lengua» (Papa Francisco, *Catequesis*, 12, 2021).

Escuchar

Ante el Misterio no cabe otra alternativa que el silencio y la contemplación, o mejor dicho, el silencio contemplativo que es el camino recorrido por san José.

Todo cuanto se ha dicho anteriormente carecería de todo valor si el silencio no nos lleva a la escucha, a escuchar «entre todas las voces una». Pero, ¿qué significa escuchar? Escuchar no es fácil. Sandro Spinsanti llega a decir que como es tan difícil escuchar, como son tan fuertes las razones que nos disuaden de quedarnos a la escucha y como son tan ricos los mecanismos de defensa: «Hay motivos para sorprenderse de que alguna vez la escucha ocurra realmente. Una escucha atenta presupone que se haya pasado, de alguna forma, a través del desierto, asumiendo la distancia infinita que separa a una persona de otra. Más aún, la escucha acontece en el desierto, porque tal distancia no será nunca abolida, a pesar de todo posible relámpago de reciprocidad de las conciencias. La escucha plena revela su lado benéfico no solo para el que es escuchado, sino también para el agente que lo ejerce. Escuchando al otro, él se abre a la propia realidad humana en plenitud, incluyendo su parte de sombra».

Escuchar significa mucho más que oír. Significa poner atención para oír. Significa, sobre todo, querer comprender, teniendo presente la imposibilidad de penetrar en una secuencia de signos fijos como son las palabras. Escuchar supone tener en cuenta que hay un mundo más grande detrás de las palabras y, por tanto, es querer penetrar en su opacidad, a veces no tomando las palabras como tales, sino el significado que creemos que tienen para las personas que las pronuncian.

Escuchar es centrarse en el otro, algo que no es fácil cuando se establece un diálogo y que solo se consigue haciendo un esfuerzo. Supone hacer callar al conjunto de voces que murmuran dentro de nosotros: los recuerdos, los remordimientos, las alegrías, las preocupaciones o los sentimientos diferentes. Voces interiores que emergen queriendo dialogar con la conciencia porque tienen derecho de ciudadanía y de audiencia, voces que evocan cuanto nuestro interior presenta.

Escuchar es acoger las expresiones de la vida del otro, es leer las páginas del libro de la vida de la persona que nos las enseña con confianza, si nosotros nos situamos con atención ante ella, con respeto y modestia. Todo esto tiene aplicación directa en el que necesita ser escuchado.

Dice Brusco: «La escucha es ciertamente una de las formas más eficaces de respeto. Su importancia es subrayada por cualquier escucha psicológica y pastoral, además de por la común reacción de la gente. Piedra angular sobre la que se basan todas las respuestas generadoras de ayuda, la escucha es una de las "caricias positivas" más apreciadas por la gente. En efecto, cuando uno se siente escuchado, siente la cálida percepción de que tiene valor a los ojos del interlocutor».

Cómo se escucha activamente

Se escucha, ante todo, con toda la persona. Ya Epicteto decía que la naturaleza humana ha dado al hombre una lengua, pero dos oídos, de modo que sea capaz de escuchar de los otros dos veces más de lo que puede hablar.

Tiene también su importancia la mirada, que es verdaderamente elocuente. La mirada está en estrecha relación con los sentimientos. Con una sola mirada podemos destruir a una persona o podemos ayudarla a que se reponga; podemos hacer que enferme o se cure, como en el caso de la pecadora adúltera; se puede expresar odio o amor, se puede decir todo: «En el mismo momento en que Pedro hablaba, un gallo cantó. El Señor se volvió y fijó la mirada en Pedro. Entonces se acordó de que el Señor le había dicho: "Hoy, antes que cante el gallo, tú me negarás tres veces". Y saliendo fuera lloró amargamente» (Lc 22,60-62).

El silencio puede revelar el embarazo que se sentimos ante ciertos conflictos personales que quizá queremos contar, pero no encontramos la energía suficiente para ello, el momento oportuno. Respetar el silencio en el diálogo significa escuchar y poner al otro en el centro del interés.

«La verdadera escucha florece cuando el visitador sospecha y respeta la agenda del paciente, le deja ser protagonista del encuentro y sabe entrar en su mundo y mirar las cosas desde su perspectiva». Hemos escuchado verdaderamente cuando el visitador sale de nuestro encuentro en paz.

Se escucha haciendo silencio dentro de uno mismo, evitando cualquier tipo de juicio sobre el otro y sobre lo que dice, evitando dejarse llevar por los prejuicios. Dice Juan (4,7-10):

Una mujer samaritana llegó para sacar agua, Jesús le dijo: «Dame de beber». En aquel momento los discípulos habían ido al pueblo a hacer compras. La samaritana le dijo: «¿Cómo tú, que eres judío, me pides de beber a mí, que soy una mujer samaritana?», (es de saber que los judíos no se tratan con los samaritanos). Jesús le contestó: «Si conocieras lo que Dios te quiere dar y quién es el que te pide de beber, tú misma le pedirías a él y él te daría agua viva».

De este modo nos libraríamos de la obsesión por nosotros mismos y haríamos espacio al otro. Evitando las distracciones y atentos al paralenguaje, es decir, al tono de voz, las pausas, la velocidad... Se escucha con los oídos, pero estando atentos a los sentimientos.

El trabajo

A san José se le conoce como «el carpintero» y así es nombrado en el evangelio. Debemos retrotraernos a su tiempo y ver que la palabra usada en griego es *«tékton»,* que en aquel momento tendría un significado más amplio que el de simple carpintero. Con todos los respetos, hoy le llamaríamos «un manitas», que lo mismo levanta una pared que hace una silla de madera.

El trabajo, entendido en su verdadero significado, hay que considerarlo como un «antes» y un «después». Si nos atenemos a lo que dice la Escritura, antes del pecado original: «Dios tomó al hombre y lo colocó en el parque del Edén, para que lo guardara y lo cultivara» (Gén 2,15). Vemos aquí un signo de la familiaridad de Dios con el hombre al colocarlo en el jardín, así como la colaboración del hombre y de la mujer con Dios en el perfeccionamiento de la creación visible. El hombre no iba a vivir ocioso, sino ocupado en «guardar y cultivar».

Siguiendo la Biblia vemos lo que sucedió después del pecado original: «Porque comiste del árbol prohibido, maldito el suelo por tu culpa; comerás de él con fatiga mientras vivas; brotarán para ti cardos y espinas, y comerás hierba del campo. Con sudor de tu frente comerás el pan, hasta que vuelvas a la tierra, porque de ella te sacaron; pues eres polvo y al polvo volverás» (Gén 3,17-19).

Los efectos del pecado no se reducen al trabajo en sí, sino a la maldición del suelo, la fatiga, el cansancio, los cardos y las espinas (lo negativo), el sudor, el polvo que será divinizado con la encarnación, la vida, la muerte y la resurrección de Cristo.

San José fue un trabajador y Jesús también, hasta que empezó su vida pública. Jesús lo santificó y por tanto tiene también su parte positiva realizado bajo ciertas condiciones: el concilio Vaticano II lo ve como «una cierta imitación sagrada de Dios Creador» (SC 127). «La actividad humana, así como procede del hombre, así también se ordena al hombre... Cuanto lleva a cabo el hombre para lograr más justicia, mayor fraternidad y un más humano planteamiento en los problemas sociales, vale más que los progresos técnicos. Por tanto, esta es la norma de la actividad humana: que, de acuerdo con los designios y la voluntad divinos, sea conforme al auténtico bien del género humano y permita al hombre como individuo y como miembro de la sociedad, cultivar y realizar íntegramente su plena vocación» (GS 35).

Ofrecemos algunos principios reguladores del trabajo tal como nos los ofrece la *Gaudium et spes*: «El trabajo humano que se ejerce en la producción y en el comercio o en los servicios es muy superior a los restantes elementos de la vida económica, pues estos últimos no tienen otro papel que el de instrumentos. El trabajo humano, autónomo o dirigido, procede inmediatamente de la persona, es para el trabajador y para su familia el medio ordinario de subsistencia; con la oblación de su trabajo a Dios, los hombres se asocian a la propia obra redentora de Jesucristo. Todo hombre debe trabajar y tiene derecho al trabajo».

Finalmente, el trabajo es un medio de salvación: «Por tanto, todos los fieles cristianos, en las condiciones, ocupaciones o circunstancias de su vida, y a través de todo eso, se santificarán más cada día si lo aceptan todo con fe de la mano del Padre celestial y colaboran con la voluntad divina, haciendo manifiesta a todos, incluso en su dedicación a las tareas temporales, la caridad con que Dios amó al mundo» (LG 41).

Finalmente aquí aprendemos también la lección del trabajo. Nazaret, la casa del hijo del artesano: cómo deseamos comprender más en este lugar la austera pero redentora ley del trabajo humano y exaltarla debidamente; restablecer la conciencia de su dignidad, de manera que fuera a todos patente; recordar aquí, bajo este techo, que el trabajo no puede ser un fin en sí mismo, y que su dignidad y la libertad para ejercerlo no provienen tan solo de sus motivos económicos, sino también de aquellos otros valores que lo encauzan hacia el fin más noble (Pablo VI en Nazaret).

Las dudas de san José

Lo que nos maravilla en el evangelio de Mateo es ver cómo en la narración de un misterio tan trascendental, como es el nacimiento del Redentor y Salvador, es descrito de una manera tan sencilla:

El nacimiento de Jesucristo fue así: Su madre, María, estaba comprometida con José. Pero antes de que vivieran juntos, quedó esperando un hijo por obra del Espíritu Santo. José, su esposo, era un hombre excelente, y no queriendo desacreditarla, pensó firmarle en secreto un acta de repudio (Mt 1,18-19).

El papel de José es difícil lo mismo que el de María: ¿infidelidad?, ¿abandonarla dando el acta de repudio? José no piensa en sí mismo, sino en la repercusión que puede tener en María. Está pasando por uno de esos momentos que marcan o pueden marcar toda una vida personal y ajena, y no quiere dar un mal paso. La expresión «en secreto» debe entenderse en su sentido más fuerte. Habrá que esperar la hora de Dios que pone las cosas en su sitio. No olvidemos que José es llamado «justo» y tal vez pensó que no había lugar para él junto a María si Dios está actuando, él no puede intervenir y por eso decide dejarla en secreto.

Según el Diccionario de la Real Academia, la duda es «la suspensión o indeterminación del ánimo entre dos juicios o dos decisiones, o bien hacia un hecho o una noticia».

Esta definición nos aclara muy bien lo que le sucedió a san José. Nosotros contemplamos los hechos una vez realizados y nos parecen lo más natural, pero hay que colocarse en la situación antes de haber sido realizados. Por otra parte, nos parece normal que encontrándose unido a María y a Jesús, las cosas se comprenden más fácilmente. Si cada vida es un misterio san José se encontró con su misterio de María y el de Jesús, Hijo de Dios. El gran misterio de la redención.

A modo de síntesis apuntaremos algunas dudas de san José. La primera es cuando se encontró, muy avanzadas las relaciones de matrimonio, con que «María había concebido por obra del Espíritu Santo». San José no puede comprender «que María, su esposa, conciba un hijo por obra del Espíritu Santo». La ley natural es que conciba por la intervención y el amor del hombre y de la mujer. Así lo quiso Dios. Además: «Lo que de ella ha de nacer es el Emanuel, el Dios con nosotros. El Hijo de Dios. Ante los hechos sobran argumentos. ¿Será verdad lo que le dice María? ¿Será mejor resolver el problema repudiándola, aunque sea evitando cualquier agravio? Momentos de duda hasta que interviene el ángel: «Lo que sucede en María es obra del Espíritu Santo». El Espíritu Santo que estaba en el principio de la creación lo está en la recreación.

¿Se puede comprender que todo un Dios, Señor del cielo y de la tierra, nazca en una cueva de animales porque «no hay lugar en la posada»? ¿Que los únicos adoradores sean los pastores, la gente baja del mundo, los despreciados de la sociedad? Después vendrán los Magos, extranjeros.

A los doce años, suben al Templo y el niño se queda voluntariamente allí sin volver con sus padres. La única que habla es María, pero podemos suponer que san José sentía muy dentro la responsabilidad paterna de velar por los que le habían sido encomendados, y no encuentra escusas y por eso, mejor callar. La respuesta de Jesús: «¿No sabíais que debo ocuparme en las cosas de mi Padre?», no aclaran nada y «María guardaba todas estas cosas, meditándolas en su corazón», como haría san José.

A san José no le queda otra alternativa que la fe, que consiste precisamente en creer en aquello que supera nuestro entendimiento, confiando únicamente en Dios que es quien dirige los acontecimientos y la historia y en esto es nuestro ejemplo y modelo.

Otro motivo de duda en san José es que, llegado a la edad en que los de su tiempo empiezan a trabajar, más o menos a los doce o trece años, para poder formar un hogar, Jesús, sí trabaja, pero sigue en la casa paterna. ¿Qué piensa hacer en su vida? «Las cosas de su Padre» es muy genérico y no aclara nada como principio.

Cosas de Dios que tiene sus propios caminos que no son los nuestros y sus pensamientos no son nuestros pensamientos. Una vez más, la fe de san José. Sin escucha no hay Palabra y sin Palabra no hay dirección en la vida, uno va a la deriva.

¡Cuánto más ganaría el mundo con menos palabras y más escucha! Dios no suele hablar directamente pues lo ha dicho todo en su Hijo venido al mundo. Y nos habla a través de los acontecimientos diarios.

Los sueños de José

Después que partieron los magos, el ángel del Señor se le apareció en sueños a José y le dijo: «Levántate, toma al niño y a su madre, y huye a Egipto. Quédate allí hasta que yo te avise porque Herodes busca al niño para matarlo» (Mt 2,13).

Después de la muerte de Herodes, el ángel del Señor se apareció en sueños a José, en Egipto. Le dijo: «Levántate y regresa con el niño y su madre a la tierra de Israel, porque ya han muerto los que querían matar al niño» (Mt 2,19-20).

Se retiró a Galilea y fue a vivir a un pueblo llamado Nazaret. Así ha de cumplirse lo que dijeron los profetas: «Le llamarán Nazareno» (Mt 2,23).

Llama la atención en la vida de san José el tema de los sueños: «Un ángel del Señor se apareció en sueños a José» (1,20) y en dos ocasiones encontramos la expresión: «avisado en sueños» (2,12.22). En el primer caso son los Magos, en el segundo, José. Este modo de hablar está muy de acuerdo con la Biblia. Es el medio del que Dios se sirve para comunicarse con los hombres. Precisamente «en sueños» el ángel de Dios (Dios mismo) habla a Jacob y le manda volver su patria (Gén 31,11.13).

Durante el sueño el hombre es pasivo, no reacciona, solamente escucha, y una vez que ha despertado siente interiormente que tiene que obedecer y poner en práctica lo que se le ha revelado. Así actúa Jacob y así actúa José y en ambos casos se usa la expresión: «se levantó» (Gén 31,17; Mt 1,24). No podemos olvidar que el protagonista principal de su relato es siempre Dios, el que lleva la iniciativa. Los acontecimientos que se desarrollan no pueden ser comprendidos ni investigados en todos sus aspectos por la historia, sino que deben ser leídos a través de la fe. Por lo visible a lo invisible apoyados en la fe.

El sueño es «el acto de representarse en la fantasía de uno, mientras duerme, sucesos o especies», así lo define la Real Academia. Pero nosotros debemos considerarlo a la luz de la Biblia. En efecto, vemos, cómo en la historia de la salvación, la intervención de Dios se introduce mediante un sueño profundo que invade al hombre. Mientras Adán duerme, el Señor le sacó una costilla y de ella formó la primera mujer (Gén 2,21).

A Abrahán, al caer de la tarde, lo invadió «un sueño profundo» en el cual se le comunicó la revelación divina (Gén 15,12). En general, el sueño es el «médium» de predicciones celestes. Pero el sueño tiene también su cara negativa: El profeta Isaías (29,10) tiene un sueño que es una imagen del pecado y del endurecimiento del corazón: «Porque el Señor derramará sobre vosotros un soplo de sueño profundo, que tapará vuestros ojos (los profetas) y cubrirá vuestras cabezas (los videntes)». Incluso, el sueño, puede convertirse en imagen de la muerte: a los babilonios se les dará un narcótico «para que se sumerjan en un sueño eterno y no vuelvan a despertarse de él» (Jer 51,57).

Tiene incluso un sentido figurado, mediante el cual se advierte a los fieles del peligro del sueño espiritual y se los invita a la vigilancia: «Estad en vela que no sabéis cuándo llegará el dueño de la casa... no vaya a presentarse de pronto y os encuentre dormidos» (Mc 13,35s). Es una imagen de inconsciencia y de preocupación mundana. En el evangelio encontramos el ejemplo de las diez vírgenes que esperan que llegue el esposo y cinco son prudentes y otras cinco no han llevado aceite suficiente para sus lámparas y mientras van a comprarlo llega el esposo. San Agustín y san Juan Crisóstomo hablan del sueño refiriéndose a la muerte de Jesús.

Como colofón del sueño no podemos olvidar la obra de Pedro Calderón de la Barca, *La vida es sueño,* perteneciente al género llamado «auto sacramental» y cuyo tema central es la libertad del ser humano para configurar su vida, sin dejarse llevar por un supuesto destino. Narra la historia de Rosaura, una princesa que se ve envuelta en un sueño encantado por un hechicero. Descubre cómo intenta escapar de su destino trágico.

Muerte de san José

Si poco sabemos de la vida de san José, lo mismo sucede con el momento de su muerte, pero podemos imaginarnos que su muerte sucedió en la compañía de María, su esposa, y de su hijo, Jesús.

A la muerte siempre se la ha considerado desde el punto de vista negativo: todo acaba con ella, ¿hay algo después?, ¿cuándo?, ¿cómo?, ¿dónde sucederá? La revestimos siempre de mantos negros. Nos quedamos a la puerta de la misma sin tratar de penetrar en lo que hay después del dintel. Hablamos mucho de la muerte y poco de la resurrección que es lo que justifica el porqué de la vida. La fe nos dice que: «aunque la certeza de morir nos entristece, nos consuela la promesa de la feliz resurrección» (Prefacio 1 de difuntos); (Jesús) «quiso entregar su vida para que tuviéramos vida eterna» (II); «él es la salvación del mundo, la vida de los hombres, la resurrección de los muertos» (III); «para que tengamos parte en su resurrección» (IV); «habiendo muerto por el pecado, hemos sido redimidos por la victoria de tu Hijo» (V).

La muerte, por tanto, hay que considerarla de un modo positivo y esto nos animará a vivir con más alegría la vida, a vivir como resucitados.

La muerte no cambia nada nos llegará conforme hayamos vivido. Que no nos encuentre dormidos, con la lámpara de la fe apagada y sin aceite. Es curioso constatar cómo las personas con que te encuentras y te dicen que «desean morir», todas, aducen la siguiente y misma razón: «Sí, porque yo creo que he hecho lo que tenía que hacer». «Porque fuiste fiel en lo poco, pasa al banquete de tu Señor». Es una vida realizada y el hombre se realiza plenamente abriéndose a las criaturas y en relación con Dios y los demás.

A veces el criterio de actuación es lo que me va, y por tanto lo sigo. Si es bueno, y además es voluntad de Dios, hay que seguir cultivándolo. No lo que me va, sino lo que Dios quiere. Si fuese este nuestro principio de actuación seríamos dichosos y felices. Otro principio de actuación puede ser presentar la página de nuestra vida para que Él «escriba» en ella el programa que debo desarrollar tal como hizo san José en su vida. En la vida espiritual esta actitud se denomina «santa indiferencia» que no quiere decir que me dé lo mismo una cosa que otra, sino que quiero lo que Dios quiere: «dadme salud o enfermedad».

No se puede llegar a este punto sin antes haberse acostumbrado a pequeñas o grandes renuncias a las que estamos poco habituados en la situación actual. Si uno quiere estar en forma tiene que pasar primero por el esfuerzo del entrenamiento. Subir requiere siempre sacrificio.

«La Iglesia nos anima a prepararnos para la hora de nuestra muerte ("de la muerte repentina e imprevista, líbranos, Señor")» (Letanías de los santos), a pedir a la Madre de Dios que interceda por nosotros «en la hora de nuestra muerte» (Avemaría), y a confiarnos a san José, «patrono de la buena muerte» (CCE 1014).

«El cristiano que une su propia muerte a la de Jesús ve la muerte como una ida hacia él y la entrada en la vida eterna. Cuando la Iglesia dice por última vez las palabras de perdón de la absolución de Cristo sobre el cristiano moribundo, lo sella por última vez con una unción fortificante y le da Cristo en el viático como alimento para el viaje» (CCE 1020).

Los siete domingos de san José

Los siete domingos a san José es una antigua tradición en la Iglesia que se remonta al siglo XVI y consiste en la contemplación de los dolores y gozos de san José reflejados en los principales misterios que acontecieron en su vida.

Cada domingo se contemplan y meditan las distintas situaciones de dolor y momentos de prueba por los que tuvo que pasar a lo largo de su vida, para evidenciar cómo su entrega, su fe y obediencia a Dios fueron marcándole el camino para seguir adelante, aún sin comprender del todo, en algunos momentos qué hacer o qué era lo que la Providencia tenía guardado para él.

En los gozos se puede observar la actuación de Dios con un plan siempre mejor que el nuestro, respondiendo a veces de distinta forma a la que teníamos pensada, aunque en definitiva es un plan mejor.

A través de ellos, podemos conocer mejor la figura de José y cómo puede ayudarnos en nuestra vida diaria.

Descubrimos su vida marcada por la fe y la dócil obediencia. Vemos, a través de su experiencia cómo vive ante Dios, su aceptación sin reservas de la voluntad de Dios, su entrega, en definitiva, su total confianza en manos de Dios. A él podemos acudir en nuestras necesidades, solicitando su ayuda e intercesión.

Este ejercicio da comienzo siete domingos antes de la fiesta de san José que se celebra el 19 de marzo.

Cómo rezar los siete domingos de san José

Oración inicial:

Por la señal de la Santa Cruz, de nuestros enemigos, líbranos, Señor Dios nuestro. En el nombre del Padre, del Hijo y del Espíritu Santo. Amén.

Ofrecimiento:

Glorioso patriarca san José, eficaz consuelo de los afligidos y seguro refugio de los moribundos, dígnate aceptar el obsequio de este ejercicio, que voy a rezar en memoria de tus siete dolores y gozos. Y así como en tu feliz muerte, Jesucristo y su madre María te asistieron y consolaron tan amorosamente, así también tú, asísteme en aquel trance, para que, no faltando a la fe, a la esperanza y a la caridad, me haga digno, por los méritos de la sangre de Nuestro Señor Jesucristo y tu patrocinio, de conseguir la vida eterna y vuestra compañía en el cielo. Amén.

Oración final para todos los días:
Acuérdate, oh piadosísimo esposo de María y dulce protector mío, san José, que jamás se oyó decir que haya dejado de ser consolado uno solo de cuantos han acudido a tu protección e implorado tu auxilio. Con esta confianza vengo a su presencia y me encomiendo a ti fervorosamente, oh padre nutricio del Redentor. No deseches mis súplicas, antes bien, escúchalas piadosamente. Amén.

Oh Dios, que por providencia inefable te dignaste escoger al bienaventurado José como esposo de vuestra Santísima Madre, te suplicamos que nos concedas la gracia de que, venerándole en la tierra como a nuestro protector, merezcamos tenerle por intercesor en los cielos. Amén.

Por las intenciones del Santo Padre.

Padrenuestro, Avemaría y Gloria.

Es recomendable haber confesado y comulgado. Se obtiene la indulgencia plenaria para cada domingo.

Primer domingo

Antífona: He aquí el siervo fiel y prudente, a quien el Señor ha puesto al frente de su familia.

El dolor: «El nacimiento de Jesucristo fue así: María, su madre, estaba desposada con José, y, antes de que vivieran juntos, se encontró encinta por virtud del Espíritu Santo. José, su marido, que era un hombre justo y no quería denunciarla, decidió dejarla en secreto» (Mt 1,18-19).

El gozo: «Estaba pensando en esto, cuando un ángel del Señor se le apareció en sueños y le dijo: "José, hijo de David, no tengas ningún reparo en recibir en tu casa a María, tu mujer, pues el hijo que ha concebido viene del Espíritu Santo. Dará a luz un hijo, y le pondrás el nombre de Jesús, porque él salvará a su pueblo de sus pecados"» (Mt 1,20-21).

Oración:

San José, fiel colaborador en nuestra redención, intercede por la humanidad que vive aún en medio del error, el vicio y la superstición. Tú fuiste un instrumento dócil en las manos del Padre a la hora de disponer todo lo necesario para el nacimiento y la infancia de Jesús y la preparación de la víctima, del sacerdote y del Maestro divino en beneficio de los hombres. Tú, siempre fiel a la voluntad de Dios, obtennos un celo auténtico en la búsqueda y formación de las almas. Para nosotros mismos te pedimos una generosa y constante correspondencia al precioso don de la llamada divina.

San José, ruega por nosotros.

Antífona: He aquí el siervo fiel y prudente, a quien el Señor ha puesto al frente de su familia.

El dolor: «Mientras estaban allí se cumplió el tiempo del parto, y dio a luz a su hijo primogénito; lo envolvió en pañales y lo reclinó en un pesebre, porque no encontraron sitio en la posada» (Lc 2,6-7).

El gozo: «Y en seguida se unió al ángel una multitud del ejército celestial, que alababa a Dios diciendo: "Gloria a Dios en el cielo y paz en la tierra a los hombres que él ama"» (Lc 2,13-14).

Oración:
San José, modelo de toda virtud, intercede por nosotros para que alcancemos tu misma vida interior. En el silencio amoroso y activo, en el cumplimiento de todos los compromisos religiosos y sociales, en la absoluta docilidad a la voluntad de Dios, tú alcanzaste una sublime santidad y gloria. Consíguenos un aumento de fe, esperanza y caridad, cimentarnos en las virtu-

des cardinales y abundancia de los dones del Espíritu Santo.

San José, ruega por nosotros.

Tercer domingo

Antífona: He aquí el siervo fiel y prudente, a quien el Señor ha puesto al frente de su familia.

El dolor: «A los ocho días, cuando debían circuncidarlo, le pusieron el nombre de Jesús, como lo había llamado el ángel antes de su concepción» (Lc 2,21).

El gozo: «Su padre y su madre estaban admirados de las cosas que decían de él» (Lc 2,33).

Oración:
San José, te veneramos como modelo de los trabajadores, amigo de los pobres, consolador de los emigrantes y de todos los que sufren, santo de la Providencia. Fuiste en la tierra el representante visible de la bondad y la solicitud universal del Padre celestial. Fuiste el artesano de

Nazaret y maestro de trabajo del Hijo de Dios, que se hizo humilde obrero por amor a la humanidad. Ayuda con tu intercesión a cuantos consumen sus fuerzas en el trabajo intelectual, moral y material. Obtén para todas las naciones una legislación que se inspire en el Evangelio, en el amor cristiano y en una organización según la justicia y la paz.

San José, ruega por nosotros.

Cuarto domingo

Antífona: He aquí el siervo fiel y prudente, a quien el Señor ha puesto al frente de su familia.

El dolor: «Simeón los bendijo, y dijo a María, su madre: "Este niño está destinado en Israel para que unos caigan y otros se levanten; será signo de contradicción para que sean descubiertos los pensamientos de todos; y a ti una espada te atravesará el corazón"» (Lc 2,34-35).

El gozo: «Estaba también la profetisa Ana, hija de Fanuel, de la tribu de Aser, de edad muy avanzada. Se presentó en aquel mismo momento, y daba gloria a Dios hablando del niño a todos los que esperaban la liberación de Israel» (Lc 2,36.38).

Oración:

San José, padre adoptivo de Jesús, alabo al Señor por la comunicación profunda que tuviste con él durante su infancia y juventud en Belén, en Egipto, en Nazaret. Tú lo amabas paternalmente y él correspondía filialmente a tu amor. Tu fe te movía a adorarlo como Hijo de Dios encarnado, mientras él te obedecía, ayudaba y escuchaba. Mantenías con él gratas conversaciones, compartiendo trabajo, penas y alegrías. Intercede por mí para que nunca ofenda a Jesús ni lo pierda a causa del pecado. Ruega por mí para que reciba dignamente los sacramentos de la Eucaristía y la Reconciliación, alcanzando así aquí en la tierra una gran intimidad y un amor tierno y fuerte a Jesús, para poseerlo por siempre en el cielo.

San José, ruega por nosotros.

Antífona: He aquí el siervo fiel y prudente, a quien el Señor ha puesto al frente de
su familia.

El dolor: «Tan pronto como se marcharon,
un ángel del Señor se apareció en sueños
a José y le dijo: "Levántate, toma al niño
y a su madre, huye a Egipto y estate allí
hasta que yo te avise, porque Herodes va
a buscar al niño para matarlo". Él se levantó, tomó al niño y a su madre de noche, se
fue a Egipto» (Mt 2,13-14).

El gozo: «Para que se cumpliera lo que había dicho el Señor por medio del profeta:
"De Egipto llamé a mi hijo"» (Os 11,1; Mt
2,15).

Oración:
San José, purísimo esposo de María, hu-
mildemente te pedimos un amor profundo
a nuestra tierna madre, maestra y reina.
Quiso Dios asociar tu misión a la de María. Con ella compartiste penas y alegrías;
juntos, con una sola mente y un solo corazón, emulabais en el trabajo, en la virtud y

en merecimientos. San José, intercede por los padres y madres de familia. Concédenos la gracia de conocer, imitar, amar e invocar siempre a la Virgen María. Atrae a todos a su corazón de madre.

San José, ruega por nosotros.

Sexto domingo

Antífona: He aquí el siervo fiel y prudente, a quien el Señor ha puesto al frente de su familia.

El dolor: «Al morir Herodes, un ángel del Señor se apareció en sueños a José en Egipto y le dijo: "Levántate, toma al niño y a su madre y vuelve a la tierra de Israel, porque han muerto los que atentaban contra la vida del niño". Él se levantó, tomó al niño y a su madre y se fue a la tierra de Israel. Pero, al enterarse de que Arquelao reinaba en Judea en lugar de su padre Herodes, tuvo miedo de ir allí y, avisado en sueños, se retiró a la región de Galilea» (Mt 2,19-22).

El gozo: «Y fue a vivir a una ciudad llamada Nazaret, para que se cumpliera lo que habían anunciado los profetas, que sería nazareno» (Mt 2,23; cf Jue 13,5.7).

Oración:
San José, protector de los agonizantes, te pedimos por todos los moribundos y te suplicamos nos asistas también a nosotros en la hora de nuestra muerte. Con la santidad de tu vida, mereciste un tránsito feliz y gozaste de la asistencia consoladora de Jesús y María. Líbranos de la muerte improvisa; concédenos la gracia de imitar tu vida, de liberar el corazón de todo lo mundano y de progresa en la virtud hasta el fin de nuestros días. Haz que podamos recibir debidamente los sacramentos de los enfermos e inspíranos con María sentimientos de fe, esperanza, caridad y dolor de nuestros pecados, para que expiremos en la paz del Señor. *San José, ruega por nosotros.*

Séptimo domingo

Antífona: He aquí el siervo fiel y prudente, a quien el Señor ha puesto al frente de su familia.

El dolor: «Sus padres iban todos los años a Jerusalén por la fiesta de la Pascua. Cuando tuvo doce años, fueron a la fiesta, como era costumbre. Terminada la fiesta, emprendieron el regreso; pero el niño Jesús se quedó en Jerusalén sin que sus padres se dieran cuenta. Creyendo que iba en la caravana, anduvieron una jornada, al cabo de la cual se pusieron a buscarlo entre los parientes y conocidos; al no encontrarlo, volvieron a Jerusalén en su busca» (Lc 2,41-45).

El gozo: «A los tres días lo encontraron en el Templo sentado en medio de los doctores, oyéndolos y preguntándoles. Todos los que le oían estaban admirados de su inteligencia y de sus respuestas» (Lc 2,46-47).

Oración:
San José, patrono de la Iglesia universal, mira con bondad al Papa, a los obispos, sacerdotes y diáconos, a los consagrados y a todos los cristianos; ruega para que todos seamos santos. La Iglesia es fruto de la sangre de Jesús, tu Hijo adoptivo. Te pedimos por su expansión, libertad y

fortalecimiento. Defiéndela del error y de las fuerzas del mal, como salvaste de las manos de Herodes la vida amenazada de Jesús. Que se cumpla su anhelo: «Un solo rebaño y un solo pastor».

San José, ruega por nosotros.

Oraciones a san José

«Dios todopoderoso que confiaste los primeros misterios de la salvación de los hombres a la fiel custodia de san José; haz que, por su intercesión, la Iglesia los conserve fielmente y los lleve a la plenitud en su misión salvadora. Por nuestro Señor Jesucristo, tu Hijo que vive y reina contigo en la unidad del Espíritu Santo y es Dios por los siglos de los siglos» (Colecta de la fiesta de san José).

* * *

«San José, hombre del silencio, tú que en el Evangelio no has pronunciado ninguna palabra, enséñanos a ayunar de las palabras vanas, a redescubrir el valor de las palabras que edifican, animan, consuelan, sostienen. Hazte cercano a aquellos que sufren a causa de las palabras que hieren, como las calumnias y las maledicencias, y ayúdanos a unir siempre los hechos a las palabras. Amén» (papa Francisco).

* * *

Silencio de Nazaret, enséñanos el recogimiento y la interioridad, enséñanos a estar siempre dispuestos a escuchar las buenas inspiraciones y la doctrina de los verdaderos maestros. Enséñanos la necesidad y el valor de una conveniente formación, del estudio, de la meditación, de una vida interior intensa, de la oración personal que solo Dios ve. Amén.

* * *

Por los agonizantes
San José, padre adoptivo de Jesucristo, esposo de la Virgen María y patrono de los agonizantes, ruega por nosotros y por los agonizantes de este día o de esta noche.

* * *

Oración del trabajador

Jesús, obrero y amigo de los obreros, mira con bondad el mundo del trabajo. Te presentamos las necesidades de cuantos realizan un trabajo intelectual, espiritual o material. Ya ves entre cuántos sufrimientos, físicos y morales, entre cuántas fatigas y peligros, transcurren nuestros días. Repítenos tus palabras compasivas: «Me da lástima esta gente» (Mc 8,2). Confórtanos, por intercesión de san José, modelo de los trabajadores. Danos la sabiduría, la virtud y el amor que te sostuvieron en tus duras jornadas. Inspíranos pensamientos de fe, de paz, de moderación y de austeridad, para que busquemos siempre, junto con el pan de cada día, los bienes espirituales y la salvación eterna. Amén.

Índice